Zen Trading

Principios Básicos para Invertir con Éxito en la Bolsa de Nueva York

Hyenuk Chu

Título: Zen Trading "Principios Básicos para Invertir con Éxito en la Bolsa de Nueva York"

© De los textos: Hyenuk Chu

Revisión de estilo: www.escritoyhecho.com

1ª edición

© 2016, Hyenuk Chu.

¡¡IMPORTANTE!!

No tienes los derechos de Reproducción o Reventa de este Producto.

Este libro tiene © Todos los Derechos Reservados.

Antes de venderlo, publicarlo en parte o en su totalidad, modificarlo o distribuirlo de cualquier forma, te recomiendo que consultes al autor.

El autor no puede garantizarte que, los resultados obtenidos por él mismo al aplicar las técnicas aquí descritas, vayan a ser los tuyos.

Básicamente por dos motivos:

Sólo tú sabes qué porcentaje de implicación aplicarás para implementar lo aprendido (a más implementación, más resultados).

Aunque aplicaras en la misma medida que él, tampoco es garantía de obtención de las mismas ganancias, ya que, incluso podrías obtener más, dependiendo de tus habilidades para desarrollar nuevas técnicas a partir de las aquí descritas.

Aunque se han tomado todas las precauciones para verificar la exactitud de la información contenida en el presente documento, el autor y el editor no asumen ninguna responsabilidad por cualquier error u omisión. No se asume responsabilidad por daños que puedan resultar del uso de la información que contiene.

Así pues, buen trabajo y mejores Éxitos.

Tabla de Contenidos

Introducción

Antes de empezar, quiero decirte que si ya has invertido antes, bien sea en bienes raíces, en negocios o en la bolsa de Nueva York o en la bolsa de tu país, olvida todo lo que ya has aprendido porque es la única forma de aprender una nueva estrategia, un nuevo método que sí funciona.

De entrada te diré que el dinero está donde están los mayores millonarios... en la bolsa de Nueva York.

¿Quién no ha visto una película o ha soñado alguna vez ser un corredor de bolsa como los que aparecen en la televisión?

Tener ese estilo de vida, cierto, ganando millones...

¿Imposible?

No creo. La verdad es que sí se puede lograr.

Hay un proverbio chino (te aclaro que yo no soy chino jejejeje) de Confucio que dice, *"para recorrer una milla, debes dar primero un paso"*.

Y como yo siempre tengo que meter la cucharada en todo, voy a meter la cucharada.

Confucio estaba equivocado en algo o más bien, no todo lo que decía era cierto, porque uno puede dar un paso para adelante o darlo también para atrás o incluso como los cangrejos, pasos para el lado.

Entonces lo verdaderamente importante, es que para recorrer esa milla hacia el destino que quieres alcanzar, tienes que tener claridad, tienes que tener un plan. Si no tienes un plan, aunque tengas la metodología, el producto o lo que sea, vas a dar pasos hacia atrás y pasos hacia el lado y a pesar de que hagas mucho esfuerzo, jamás vas a llegar, ¡¡jamás!!

"Entonces Hyenuk, adonde quieres llegar, ¿qué voy a aprender en este libro?"

Está bien, no me voy a andar con rodeos, lo que te voy a enseñar es **cómo invertir exitosamente en la bolsa de Nueva York**, PUNTO.

Y para ello, tendrás que aprender dos cosas fundamentales, una es **la estrategia que funciona**.

Pero no basta solo con saberla, porque eso no quiere decir que la sabes aplicar.

Además de conocer la teoría debes accionar, debes hacer las cosas a medida que las leas, porque es la mejor manera de empezar a familiarizarte con los problemas que te surgirán y la manera de solventarlos.

Porque déjame decirte que esos problemas serán únicamente tuyos, de nadie más. Porque en la bolsa de Nueva York, solamente está el mercado y tú, tú y el mercado, no hay nadie en medio.

Si haces algo bien tienes resultados positivos, si haces algo mal la culpa no es de nadie más, sino tuya.

Así es en la bolsa.

Por eso, en la bolsa lo más importante es que tu pensamiento sea el correcto, y de hecho así lo dicen muchos inversionistas exitosos.

Grandes como Warren Buffet o el señor George Soros, dicen que todo está en tu cabeza y que ahí comienza tu éxito. Cuando compres acciones de una empresa, arrancará desde ahí.

Por eso, antes de mostrarte **la estrategia que funciona**, tendrás que aprender a tener **la mentalidad correcta**.

Si compras con una mentalidad correcta, de ganador, seguro que vas a ganar dinero, si lo compras con una mentalidad de perdedor, vas a perder.

Por eso, cada mañana nada más levantarte, es muy importante que te mires en el espejo y te veas tal y como quieres verte.

"¿Y qué tiene que ver eso con la bolsa?"

Te voy a revelar mi técnica número uno de inversión:

"No invierto NUNCA, si por la mañana me levanté de mal genio, si mi esposa no me saludó o si mi perrita se hizo sus necesidades en la sala, por poner algunos ejemplos."

¿Por qué?

Porque seguro que ese día pierdo dinero.

Sí claro, yo también pierdo, aunque suele ser pocas veces.

No sé, querido lector, si tienes hijos.

Si es así, seguramente conocerás un programa llamado "Barney". Si no tienes hijos puede que lo conozcas o no, pero te explico...

Resulta que normalmente estoy en modo "Barney", soy buena gente...

Pero cuando se me sale, soy Godzilla y entonces, cuando estoy en modo Godzilla, me levanto, hago inflexión antes de abrir la plataforma y pienso.

Si no estoy tranquilo digo, *"no, mejor salgo a pasear a mi perrita y ya."*

Ahora, también hay días que me levanto y me siento totalmente ganador, me miro en el espejo y digo *"¡wow!"*

No sé si habrás hecho alguna vez ese ejercicio de cepillarte los dientes y mientras te estás cepillando decir, *"Ahí lo tienen, todo un millonario."*

Cuando tienes esa actitud, ese día sí puedes hacer inversión y puedes hacer una llamada para prospectar, una llamada para buscar un inversionista, un correo electrónico para vender a tus clientes, para ayudar, así que ese es el primer paso más importante que tienes que tener controlado ¿sí?

El problema es que uno no puede controlar exactamente si todos los días va a estar así. Inclusive el magnífico Tony Robbins dice que eso es prácticamente imposible.

Lo importante es saber si estás en ese modo o no.

Por lo tanto, ha llegado el momento de que empieces a saber cómo adoptar esa mentalidad necesaria para decir *"wow ahí está el millonario."*

Y después hacer como yo, sentarte en la plataforma y a los 15 minutos, ding, ding, no sé cuánto porciento de venta y me voy a pasear la perrita.

Sé que suena increíble pero, para cuando acabes de leer y aplicar todo cuanto te voy a contar en este libro, te aseguro que también lo podrás hacer tú, es muy fácil.

PASO 1. LA MENTALIDAD CORRECTA

Ya te lo he dicho antes, en este libro vas a aprender las dos cosas básicas que necesitarás si quieres tener éxito invirtiendo en la bolsa de Nueva York, **la mentalidad correcta** y **la estrategia que funciona**, así que vamos a por la primera.

Pero antes de explicarte qué mentalidad debes tener y cómo lograrla, déjame contarte de dónde arranca esta obsesión mía por tener la mentalidad correcta...

¿Cómo empezó todo?

Mis padres eran millonarios cuando estaban en Corea.

Me acuerdo que a los 10 años ya tenía un chófer que me llevaba al colegio en coche iy eso que tan solo estaba a cinco minutos de mi casa!

Pero mi padre tomó una mala decisión, invirtió mal y lo perdió todo.

Esto, que en situaciones normales ya es bastante triste, se agravó por el hecho de que toda mi familia era de personas pudientes.

Entonces ¿qué hizo mi padre?

Lo que hacen todos los deudores, esconderse del mundo.

Le daba pena estar en las reuniones familiares, con los amigos, etc. Así que llamó a unos familiares que también habían quebrado y se habían ido a un país que se llama Colombia.

Entonces en vez de irnos a Canadá, a Europa o a Estados Unidos, mi padre dijo, *"nos vamos a ir a un lugar donde nadie nos conozca"* porque estaba realmente aburrido y se sentía muy apenado. De verdad, los orientales se sienten muy apenados por esas cosas y por eso él tomó la decisión de irnos a Colombia.

Llegué sin saber ni una letra de español y la verdad es que ahí comenzaron todas mi lecciones de vida y la primera es: ***"no importa que no sepas, sino la actitud que tengas."***

Esto lo aprendí en el colegio.

Cuando llegué al colegio el primer día, no sé si hoy está de moda el matoneo, pero en esa época estaba de moda el matoneo, se burlaron de mí hasta que aprendí a decir una grosería en español.

Bueno, hasta que entendí que "eso" era una grosería, porque yo le sonreía a todo el mundo, así me dijeran cualquier cosa, porque no sabía qué me estaban diciendo.

Eso fue una grandísima lección, porque lo mismo puede pasarte en este momento con la inversión.

Puede que en este momento no tengas la menor idea cuando veas los gráficos, cuando no sepas cómo verlos o cómo colocar las órdenes...

Pero no te preocupes, con lo que vas a descubrir más adelante en este libro, y con el paso del tiempo vas a aprender, por ahora te va a parecer extraño, pero vas a aprender. Lo importante es que tengas ganas y obsesión por aprenderlo.

¿Qué me mantuvo a mí?

Que me dije, *"Hyenuk, no puedes quedarte así"* y empecé a hablar, a pesar de que no sabía, pero hablaba.

Te voy a decir una curiosidad, me tiré como tres años diciendo "albaño".

Y seguro que te estás preguntando qué es esto...

Te cuento.

Normalmente ¿cuál es la palabra que más utilizamos cuando tenemos necesidades fisiológicas?

Decimos *"quiero ir al baño"*, ¿cierto?

Entonces yo pensé que "baño" era "albaño" porque no sabía. Y estuve casi dos años pensando que se decía así, nunca lo miré en el diccionario porque pensaba que ya sabía qué era y nunca lo miré.

Hasta que un día dije, *"¿pero no se dice albaño?"*

Y me explicaron que no, que es baño.

Y esto también te puede pasar a ti.

Puedes ver que se están haciendo operaciones del 70 %, 80 %, 100 % o hasta del 200 % y decir *"eso es lo que yo quiero, porque eso es lo que me dijeron que se hace en la bolsa de Nueva York"*

Pero la verdad es que los multimillonarios en la bolsa de Nueva York, son personas que han sido constantes y han buscado ganancias mínimas pero seguras, constantemente en el tiempo.

Entonces, ¿cuál es el amigo del inversionista en la bolsa de Nueva York?

El interés compuesto.

Buscar ganancias constantes a largo plazo.

En eso has de basar gran parte de tu mentalidad, en tener la paciencia y la templanza correctas.

Y me puedes decir, *"bueno, pero es que yo no tengo 100.000 dólares para arrancar a invertir, solo tengo 500 dólares o 1.000 dólares para arrancar a invertir, ¿cuándo voy a llegar a eso?"*

Paciencia, aquí viene mi segunda parte de la historia y voy a saltar un poco en el tiempo...

En el año 2010, como estaba muy interesado en el tema de la bolsa y ya estaba saliendo de mi quiebra, había construido varias empresas que ya estaban facturando millones, dije *"bueno, ahora sí, voy a tomar un curso de la bolsa."*

Empecé a buscar y encontré un curso de la bolsa que alguien ofrecía por Internet y decidí tomarlo.

En él aprendí y empecé a invertir con la estrategia que me enseñaron.

Como ya sabes, soy coreano estilo señor Miyagi y por eso, todos los días lo hacía, sin falta. De hecho, del grupo de amigos que empezamos, solo me quedé yo haciendo inversiones todos los días.

Todos los días entraba, analizaba, perdía, ganaba, hasta que descubrí una técnica y me dije *"¡wow, esta me gusta!"* y empecé ganando un 15 %, luego un 20 %, después un 30 %...

Y adivina qué pasó...

Llegó un momento que en un solo mes, pasé de 2.000 dólares de capital a 200.000 dólares.

¡Wow, sí, wow me sentía!

Obviamente tenía más, es decir, en cuánto a dinero no era significativo porque lo que yo estaba buscando no era el dinero sino ser ganador, sentirme exitoso.

Pero mi cerebro estaba en otra cosa diferente de lo que tenía que hacer. En otros aspectos había hecho las cosas correctamente, tenía un plan con mi empresa, tenía un plan de dinero, pero en la bolsa no, porque no sabía si se podía ganar o no.

Así que convertí 2.000 en 200.000 pero en las siguientes dos semanas, perdí esos 200.000 y tuve mi segunda depresión más grande después de la quiebra, que por cierto, en un momento te contaré cómo fue.

El problema es que esta depresión ya no fue solo económica.

Mi esposa me dijo *"¡se acabó, no aguanto más!"*, porque por las noches no podía dormir de la rabia que me dio haber perdido tanto dinero.

Me repetía una y otra vez, *"si hubiera cogido los 200.000 y 100.000 se los hubiera dado a la beneficencia y con los otros 100.000 me hubiese ido a descansar..."*

De hecho, eso es lo más ventajoso de la zona de Nueva York, seguramente si ya me sigues por Facebook o por YouTube te habrás dado cuenta de que yo, de vez en cuando, me tomo un tiempo y me escapo.

Cojo a toda mi familia y digo *"bueno, vamos a descansar dos meses."*

Y no trabajo y me los llevo a Europa o al sitio que yo quiera y me quedo allí.

Porque eso es lo que realmente te da la libertad de ser un inversionista y sobre todo si eres inversionista de Nueva York, que lo puedes hacer a través de un ordenador. Necesitas solo un ordenador, Internet y listo.

Y como muestra, un ejemplo de lo más chistoso:

Estaba sentado con mi hijo al lado del rio Zen, (mi hijo, que en el momento que escribo este libro cuenta con tan solo 13 años ya sabe invertir) mirando a todo el mundo que salía corriendo y yo, sentado con el cappuccino, abriendo la plataforma y mirando.

Como sabes, la gente hace lo que ve, no lo que le dicen que haga. Entonces yo no le digo a mi hijo *"haz esto"*, sino que simplemente él me ve haciéndolo y entonces va y lo hace.

Pues en esas que estaba allí con mi cappuccino y mirando mi ordenador, como te he dicho, me miró y me dijo *"papá, esa acción no."*

Me quedé mirándolo y le dije *"¿por qué?"*

Y me contestó, *"no, porque mira esto y esto, aquí, el soporte, más bien a lo otro que estuvimos mirando ayer en la noche y ese está chévere."*

Y miré y me dije, *"tiene toda la razón."*

Entonces hice la operación y en 5 minutos sacamos nuestra ganancia y mi hijo me dijo *"gracias papá."*

¿No te gustaría lograr eso?

Cada vez que alguien me dice que trabaja muy duro para ganar dinero por sus hijos, yo le pregunto, *"¿qué les vas a enseñar? ¿Les vas a dejar un montón de pescado para que se pudra o les vas a dar una cañita para que aprendan cómo pescarlo?*

El pescado se pudre. Es decir, el dinero que tú les vas a dejar si no les enseñas cómo hacer más, se pudre. Lo usarán para cosas malas, para ir a discotecas, gastar donde no es, porque no sabrán cómo se obtiene."

Espero que si tienes hijos, les enseñes muy bien eso.

Y bueno, ahora volvamos a la historia, porque voy a contarte a qué se debió mi primera quiebra.

Todo lo que sube, baja

Cojamos entonces el Delorean y volvamos de nuevo a la época de cuando estaba en el colegio.

¿A ti también te dijeron tus padres alguna vez *"estudia todo lo que puedas para lograr un buen trabajo y poder jubilarte dignamente"*?

¿Sí?

Entonces yo no soy la excepción, hice exactamente lo mismo.

En el colegio, fui de esos nerdos que sacan 9,8 de 10 y se sientan a llorar.

Nerdo, nerdo, nerdo.

Y era tan nerdo, que me becaron en las universidades de Colombia y escogí la universidad que no era y la profesión que no era.

Pero como yo digo, *"todo es por algo, por destino."*

Empecé a estudiar Ingeniería Química y cuando estaba más o menos en cuarto semestre, me llamaron de la embajada de Corea y me dijeron *"oye, hay una empresa coreana que está buscando un perfil como el tuyo."*

Y yo pensé *"¿perfil? Será por mi nariz de perfil de oriental plana..."*

Me dijeron *"ve rápido porque eres lo que están buscando..."*

No sé si tienes algún amigo coreano, si no, te lo cuento yo.

La palabra que más escuchan los coreanos es *"pali, pali",* (rápido, rápido).

Sí señor, esta es la palabra que más repiten los coreanos. Entonces el embajador me dijo *"rapidito, pali, pali, hoja de vida y preséntate allá."*

Yo era estudiante, así que me fui a la entrevista en jeans y camisa y como no tenía hoja de vida, la hice a mano.

Me presenté allí y entré en una empresa que se llama Hyundai. Me entrevistaron y me dijeron *"eres el candidato perfecto, vienes a trabajar ya."*

Yo les expliqué que aún estaba estudiando y me contestaron *"no importa, estudia y ven y trabaja ya."*

En esa época estaba por cumplir 20 años y lo que hice fue duplicar mi tiempo laboral, estudiar y trabajar...

Y así me veía, con casi 20 años, estudiando algo que no me gustaba y trabajando y viviendo solo.

Y dirás *"¿solo? ¿Pues no estabas en Colombia con tus padres?"*

Tú lo has dicho, estaba.

Mis padres, como habían sido millonarios desde siempre, tenían el termostato de su mentalidad de dinero arriba del todo.

Así que desde que llegaron a Colombia, vieron un montón de posibilidades de negocio, hicieron millones en menos de 5 años y se fueron de nuevo a Corea. Por lo tanto, yo tuve que tomar la decisión de vivir solo desde los 16 años.

Por eso, cuando estaba en la universidad ya estaba curtido, pues ya llevaba mucho tiempo solo y empecé a trabajar como loco.

No tenía a nadie que me dijera *"chico, no hagas esto, no trabajes así porque no vale la pena."*

Terminaba la clase, pali pali y llegaba al trabajo, pali pali.

Trabajaba todo el tiempo, como un loco.

Corea está al otro lado de Colombia. O sea, cuando todos mis compañeros se iban a descansar, a estar con su familia, arrancaba mi día laboral que era la hora laboral de Corea.

Trabajaba doble turno y al contrario de lo que todos pronosticaban, de lo que dicen en las empresas orientales, que un joven no puede pasar a un veterano, que el que tiene menos experiencia no puede superar al que ya lleva más tiempo, en cuatro años llegué a ser el gerente de Hyundai.

Tenía gente a cargo mío que era mayor que yo.

Hacia otras cosas diferentes, increíbles, negocios de 500 millones, un billón de dólares, cenaba con los presidentes de Colombia... Toda una vida de poder.

Por eso te digo que tener un plan financiero es súper, súper importante.

Yo era un chico que escasamente tenía 25 o 26 años, codeándome con los grandes empresarios y políticos del país y... ¡Mi mente se corrompió, técnicamente hablando!

Pensaba que el dinero era poder y el poder era el dinero, no tenía un plan, no tenía un límite...

Entonces renuncié y creé mi propia empresa, facturando millones, tenía más de 300 empleados, todavía no tenía 30 años, imagínate...

Y claro, llegó lo que tenía que llegar.

Ya sabes que cualquier cosa que sube, baja.

Sí, así es, todo lo que sube, tiene que caer, ¿cierto? Igual que en la bolsa, todas las acciones que suben, caen.

¿Y qué crees que pasó conmigo?

Me pegué una quebrada tremenda y tuve deudas de millones de dólares, no solo con la empresa, sino familiares, personales y lo peor de todo, me tuve que ver despidiendo a 300 y pico empleados uno por uno.

Ya los conocía, a pesar de que era engreído y prepotente, era buen patrón y créeme que despedir 300 empleados, uno por uno, eso sí que da dolor y más, sabiendo que no fue por culpa de ellos, sino que fue por culpa mía...

Si yo hubiera sido de otra manera, habría dicho que fue por la economía del país o algo así. Pero como a mí me enseñaron que uno no debe echar la culpa a los demás, sino que lo que le pasa a uno es culpa de uno, pues asumí mi culpa.

Pero como a todos, cuando uno tiene problemas y no puede salir adelante, le pasa algo clave y la clave para mí en este caso, es que la vida me dio una segunda oportunidad.

La Segunda Oportunidad

Estaba haciendo algo mal repetidamente, tal y como les suele pasar a muchas personas que tienen un negocio, invierten, hacen multinivel o tienen negocios por Internet.

Y esto que estaba haciendo mal era repetir el mismo proceso una y otra vez, auto engañándome con frases del estilo *"si anteriormente me dio resultado, ¿por qué no lo va a hacer ahora?"*

Y volvía a intentarlo y volvía a fracasar y de nuevo lo intentaba... Había entrado en bucle sin tan siquiera darme cuenta.

A eso lo llamo "el efecto placer, dolor".

A los humanos nos encanta auto motivarnos para después sentir el dolor y victimizarnos, *"yo trabajo tan duro, pero mi esposa no me comprende, si mis padres supieran lo duro que yo trabajo..."*

Entonces pasamos del placer al dolor y lo consideramos normal porque es un comportamiento muy habitual entre los humanos.

Lo curioso es que en la bolsa pasa lo mismo.

No te estoy contando mi historia para entretenerte, ni para tratar de dar pena, te la cuento porque también se repite en el mercado.

Como yo siempre digo, *"el mercado de la bolsa de Nueva York es un espejo de la vida."*

Y así es, tal como pasa en tu vida, pasa en la vida de la bolsa. Por eso te cuento mi historia, porque se repite en el mercado.

Haces una operación, ganas dinero y te dices *"¡wow campeón!"*

Con la siguiente pierdes, *"no, es que la técnica no funciona".*

A la siguiente ganas, *"menos mal, sabía que podía confiar en..."*

Y entonces pasas del dolor al placer, para más tarde, volver a pasar del placer al dolor.

Apuesto a que alguna vez, en alguna situación en tu vida, te ha pasado eso. ¿Verdad?

Pero, por desgracia, no siempre es así y llega un momento en que la estrategia entra en negativo y pierdes más veces que ganas.

Y es entonces cuando te vuelves obsesivo con remontar y solo piensas en ti, porque así somos los humanos y ese es el peor error que puedes cometer.

Pero no te preocupes, es normal que los humanos pensemos así y hagamos esto en nuestras vidas.

Yo no fui la excepción y lo peor de todo, es que no me daba cuenta de la situación, ni de la magnitud de mis problemas.

Mi exmujer ya me había echado de casa y estaba viviendo en el garaje de un amigo que, no sé si por pena de verme en la miseria me dijo, *"puedes venir a vivir a un cuarto trastero que tengo en mi garaje."*

Yo debía estar en mi casa, pero la realidad es que estaba en un trastero de un garaje porque mi ex esposa (o sea, la esposa en ese entonces) me dijo *"no aguanto más el hambre."* Y me echó de allí.

Así que aprendí otra lección y ella también, escoge muy bien a tu pareja.

El caso es que terminé viviendo en el garaje con mis dos hijos y como en la película *"En busca de la felicidad"* (te confieso que hoy en día todavía hay partes que no puedo ver porque me identifico demasiado y empiezo a llorar) la gran historia de todo esto, es que saqué dos conclusiones.

Una es que **no importa el dinero que tengas.**

Cuando les pregunto a mis hijos hoy en día, que han paseado por Europa y tienen de todo, *"¿cuándo ha sido el momento más feliz que has vivido conmigo?"* adivina cuándo es...

¡Cuando yo estaba quebrado, cuando no tenía ni un peso para comer, cuando tenía que aguantar hambre para darles de comer!

Me acuerdo de un día que llevaba casi dos días sin comer y mis hijos ese fin de semana querían salir a divertirse.

Como únicamente tenía un dólar y medio, tan solo me alcanzaba para comprar un ala de un pollo y un muslito.

Entonces cuando el señor vio que yo solo compraba eso con dos niños tan pequeños, creo que le di pena, sacó de abajo dos panes franceses (en un asadero de pollo no venden pan francés así que creo que era su almuerzo o algo así) y me dijo *"señor lléveselo".*

Triste ¿no?

Lo cogí y nos fuimos a un parque donde había unos patos.

Comimos, bueno comimos no, se comieron ellos el pollo mientras yo esperaba y cuando iban a comerse el pan francés, aunque yo pensaba *"al menos me dejarán el pan ¿no?"* cuando me dijeron *"¿papá y tú no vas a comer?"* Les contesté *"no, no tengo hambre"* y me pidieron el pan y fueron a dárselo a los patos ¡¡y yo muerto del hambre!!

Parece cruel pero ¿sabes qué? Eso es lo que más recuerdan.

Hoy en día no se acuerdan de haber estado en Londres y en Europa, no, se acuerdan de eso y dicen *"papá, qué momentos tan divertidos pasamos en ese entonces."*

Lección número dos, **no importa el dinero que tengas, aprovecha lo que tienes al máximo, gózalo y disfrútalo con la gente que amas.**

La gente que tienes al lado, que amas, no está pensando en que tengas millones y millones y millones para quererte, estimarte y valorarte.

De hecho, te valoran y te estiman más cuando no tienes y les haces felices y haces que las cosas funcionen.

Cuando eres así y dices *"además de eso, voy a ser millonario"*, ellos te dicen *"sí lo vas a ser."*

Y cuando te decía que la vida siempre te concede una segunda oportunidad, es cierto.

Eso sí, has de estar preparado para aceptarla.

Verás, un día me llamó un pastor, yo no sé si era creyente en ese entonces.

Y yo pensé, *"¿un pastor y coreano, en Colombia? ¡Suena raro!"*

Así que no contesté el teléfono porque era deudor y cuando uno es deudor no contesta el teléfono y menos cuando se trata de un número desconocido...

Él insistió, pero yo no contestaba. Hasta que volvió a llamar y entonces contesté.

Me habló en coreano y me dijo, *"he escuchado que eres una persona con mucho talento, pero que hoy en día es talento desperdiciado. Así que me gustaría saber qué estás haciendo. ¿Te parece bien que nos veamos?"*

Como no estaba comiendo y tenía hambre, dije *"bueno, nos vemos en tal sitio."*

Como puedes imaginar, era un restaurante. Me dije, *"no sé lo que quiere de mí, pero al menos le saco un almuercito."*

Así que fui, me senté y me comentó una historia que ha cambiado mi vida y a partir de ahí, formó la misión que ahora tengo.

Me dijo, *"cuando una persona está en problemas, es como cuando uno cae a la arena movediza, cuanto más lucha por salir, más se hunde y no se da cuenta, es inconsciente. Así que es mejor quedarse quieto y buscar ayuda."*

Y le pregunté, *"entonces ¿qué hago?"*

Y me contestó, *"tienes la arena que te tapa los ojos."*

Con eso ya aprendí la lección y empecé a buscar ayuda en mentores que me sacaran de ese problema.

Así que se puede decir que yo aprendí a las malas. Es decir, tuve que buscar a un mentor, a pesar de que había sido súper gerente, multi empresario y todo eso, acepté un empleo de vendedor y cuando me entrevistó el dueño, me dijo *"chico, tu caso es como en esas películas en las que una persona que tiene el perfil súper alto quiere un puesto de volteador de hamburguesa"* y le dije *"sí pero volteo muy bien hamburguesas."*

Sí, efectivamente entré como vendedor, pero en menos de dos años, entré a la junta directiva.

Un día me llamaron y me dijeron *"¿qué hacemos para expandirnos internacionalmente?"*

Y yo, *"¿quieren expandirse? ¿Para qué?"*

Y ante la insistencia, en media horita les conté el método que conocía de mis experiencias anteriores y me dijeron con tono de gran admiración *"wow, ese es el plan que nos pasó la empresa de consultoría a la que le pagamos muchísimo dinero, explicado en media hora"*

Y entonces me di cuenta de que cuando sabes algo, lo ves natural pero los demás te miran como si fueses su héroe y eso te reconforta ¿verdad?

Cambió mi vida, recuperé mi autoestima y arranqué para tenerlo todo de nuevo, pero esta vez de forma diferente.

Me di cuenta de que, con la empresa del sector de químicos donde yo había quebrado, luché y luché, y me quebré dos o tres veces antes de que me pasara todo esto, y todo lo que no funcionaba estaba aquí, en mi mente.

Por eso es importantísimo tener la mentalidad adecuada.

Cuando ya recuperé mi autoconfianza, volví a crear la empresa y a los 3 meses estaba ganando millones, ¿por qué? Porque mi mentalidad ya había cambiado.

Todo era lo mismo, seguía siendo yo, era la misma empresa, solo estuve en la quiebra, cambié y estuve de empleado unos años, y cuando ya me recuperé lo retome, y estaba facturando.

La Mentalidad Correcta

Esta es mi historia personal, pero realmente te la cuento para que te des cuenta de que, tanto en la vida como en los negocios, tener la mentalidad correcta es fundamental para lograr el Éxito.

Ya te dije antes que lo que pasa en la vida, pasa en la bolsa, así que no tengas miedo a perder, a fracasar, porque los ganadores y en la bolsa, al igual que en la vida y en los negocios, hay ganadores y perdedores, los ganadores tienen algo diferente.

¿Qué crees que puede ser? ¿Qué crees qué marca la principal diferencia entre un ganador y un perdedor?

Efectivamente, **La Actitud**.

Los ganadores son ganadores, no porque tienen resultados, sino porque saben y están confiados de que ellos van a ganar.

Esa es la clave, un ganador sabe exactamente qué va a lograr y aunque esté perdiendo, sabe que tiene la mentalidad correcta, que tiene el método correcto y que está haciendo lo correcto, es decir, está tomando acción.

Muchas personas solamente buscan conocer, conocer y conocer, pero las personas que tienen resultados es porque hicieron lo que aprendieron.

Quiero que te pongas en situación...

Tienes una oportunidad de tomar acción en algún tipo de inversión y entonces empieza tu otro yo en el cerebro a decir *"pero... pero... no."*

Cuando aparezcan esos pensamientos, ten muy claro que ese no eres tú, ese es el lado perdedor tuyo que está diciendo *"pero... pero... pero me falta el dinero, pero no tengo tiempo, pero no sé qué..."*

Yo, para vencer a mi lado perdedor (yo también lo tengo, aunque no te lo creas) tengo un truco que me hace ganar muchísimo dinero, de hecho lo considero mi truco número 1 y te lo quiero compartir.

Bueno, si quieres...

¿Seguro?

Excelente, vamos entonces...

Cuando yo pierdo en la bolsa digo, *"¿pierdo? Estrategia, ser feliz."* Y entonces voy y anoto, *"no hacer esto."*

¿Qué te quiero decir con esto?

Que aprendo de mis fracasos y entiendo que el fracaso es un resultado, bueno o malo, pero es un resultado

El fracaso no tiene nada que ver conmigo porque soy un hombre ganador, pero eso no quiere decir que yo no pierda, simplemente es un resultado.

En este libro vas a aprender cosas increíbles, eso sí, no quiero decir que vas a terminar de leerlo y te hayas convertido ya en el Inversionista Número 1. Pero sí vas a aprender los pasos para poder serlo.

Cuando el pastor me habló de ser un mentor, me puse a pensar cuál es mi misión y mi propósito y en un libro que leí, decía *"no busques más el propósito para el que naciste porque haciendo eso, estarás perdiendo el tiempo."*

Más bien me recomendaba que ese mismo tiempo lo utilizara, para desarrollar qué quiero ser. ¿Me entiendes, verdad?

Es por eso, que nunca me escucharás decir, *"me fui de año sabático a encontrarme a mí mismo."*

¿Por qué?

Porque yo ya no necesito encontrarme, yo ya sé quién soy, y ya sé qué quiero hacer.

Entonces, en vez de perder mi tiempo buscándome en mi interior, decidí qué quiero construir y qué quiero ser y una de las cosas, de las misiones que tengo, es ayudar a un millón de personas a salir de deudas. Estoy lejos todavía, pero sé que lo voy a lograr.

Tengo clara mi misión, pero también tengo muy claro que no será tarea fácil, más que nada, porque muchas personas no se dejan ayudar.

Muchas veces, cuando le pregunto a una persona que tiene deudas "¿qué quieres hacer?" me encuentro con que muchos, primero no admiten que tienen deudas y segundo, no quieren hacerlo.

Lo que les pasa, en general, a las personas que tienen deudas es que quieren tener más ingresos. Entonces, al darme cuenta de esto, me marqué como misión es ayudar a un millón de personas a que tengan libertad financiera y empecé a cambiar cosas. Y una de las cosas que cambié, es que ayudo a las personas de verdad.

Tengo un grupo para personas que quieren emprender por Internet y les ayudo a que sus negocios funcionen. Y quiero que leas el testimonio de Cristian, uno de los miembros del grupo:

"Conocía a Hyenuk de otro mercado y a mí me conectó mucho cómo es él, o sea así tal cual, con él uno se ríe.

Vi que estaba formando un grupo y le dije "Hyenuk, ¿cómo hago parte de ese grupo?" y me dijo "compra esto" y dos minutos después, listo Hyenuk, ya soy miembro de ese grupo y bueno, ¿qué puedo contar?

Yo había absorbido mucha información de lo que se podía hacer por Internet, pero no entendía el paso a paso, o sea no entendía el ¿cómo arranco, hago el blog, hago publicidad o qué hago?

Y arranqué y la verdad es que Hyenuk es súper entregado en decirnos qué es lo que hay que hacer, nos lleva paso a paso.

La verdad es que el que no quiere no lo hace, porque es paso uno, paso dos, paso tres, paso cuatro y la verdad, ha sido una experiencia."

Bueno, ¿qué te parece?

No es para presumir, simplemente te mostré este testimonio de Cristian, porque quería que veas que mi misión está dando sus frutos, lo cual me impulsa aún más a seguir.

Tengo un club de inversionistas donde ayudo a las personas para que inviertan mejor. Entonces ¿qué hago yo?

No, no estoy todo el día en el mercado, no opero todo el día porque necesito sacar mi perrita a pasear. Entonces opero rápido y me voy, pero siempre, antes de despedirme del mercado, les digo a las personas qué estoy viendo, las operaciones que veo interesantes y cuando se abre el mercado, les digo qué operaciones estoy tomando.

Y si alguien me pregunta por alguna operación que no considero fiable, le digo *"no, porque eso va a caer".*

No te puedes ni imaginar la cantidad de veces que me han contactado a los cinco minutos para decirme, *"sí, tenías razón, menos mal que no entré."*

Mi club de inversionistas, es un club en el que realmente ayudamos a las personas.

¿Por qué te comento esto?

Porque muchas veces, simplemente necesitas un método que te ayude a que implementes la metodología ¿y qué es eso? Tácticas y estrategias.

Aprender a invertir en la bolsa es como aprender a ir en bicicleta.

Puedes optar por dos opciones:

Si lo haces tú solo y estudias cómo invertir y te metes, te vas a caer. El que diga que no se va a caer, o sea, que no va a perder, es mentira. Vas a perder, te vas a raspar la rodilla, te vas a sentir mal, vas a sentir dolor...

Pero lo que les ofrezco en el club de inversionistas es que tienen las dos rueditas de apoyo. Te vas a caer, ¿cierto? Pero entonces, ahí estamos nosotros, como un papá que va detrás mirando que no te vayas a caer, pero sin interferir en tus decisiones.

No te voy a decir qué tienes qué hacer, pero tampoco voy a dejar que te mates.

Básicamente eso es dar ayuda real. Así es como se puede ayudar con una misión, no por dinero, sino porque realmente alguien quiere ayudar a los demás.

Aún no he podido encontrar a alguien que invierta en la bolsa y pueda explicar cómo gana dinero en la bolsa, sin que después, pum, intente vender un curso.

La verdad es que yo no he escrito este libro para eso. Lo he hecho, porque realmente te quiero explicar cómo lo hago yo.

Por eso decidí que esta primera parte fuera sobre la mentalidad. Porque sin la mentalidad, puedes tener mi estrategia y puedes actuar, pero vas a fracasar, porque te vas a ver como perdedor cuando te mires en el espejo, y vas a perder más todavía.

Ten presente para la segunda parte cómo va a estar tu mentalidad.

Me gustaría que, una vez conocida la estrategia, recuerdes que debes tomártelo con mucha calma. No se trata de salir hoy y ganar un 10 %, un 20 % o un 30 % sino que es una estrategia a largo plazo, ¿sí?

Puedes arrancar con poquito, no importa con cuánto sea, pero como dice mi lema:

"El éxito no se trata de hacer cosas extraordinarias, sino de hacer las cosas ordinarias de manera extraordinaria".

Lo he repetido de otras formas muchas veces, pero básicamente es eso, cada cosa que hagas, hazlo para que no tengas que dar la vuelta y sentir pena.

El mejor ejemplo es lo que pasa en el colegio de mi hijo.

Normalmente, algunos padres van con guarda espaldas, al consejo de padres. Yo también estoy en el consejo, porque en el colegio saben quién soy, aunque los demás no lo saben.

¿Y sabes qué?

Cuando comienza el año nos reunimos y yo llego con zapatillas deportivas, jeans, camiseta y con esta cara de veinteañero que Dios me mandó (que sepas que tengo más de cuarenta, pero no los aparento cuando estoy en jeans).

Bueno, que me desvío del tema jejejeje. El caso es que, cuando llego, ellos no me saludan. Sí, como lo lees, no me saludan porque no llevo traje y corbata, ni hago las cosas como son, ni nada de eso... Pero no me importa, porque mis hijos tienen claro quién soy y cómo soy.

¿Por qué?

Porque me han visto muchas veces tomando acción, repitiendo y haciendo, repitiendo y haciendo...

Y además, cuando no hacen las cosas, les digo *"¿cómo pretendes tener resultados si no haces las cosas?"* y les digo lo que deben de hacer y lo hacen.

Entonces, mi hijo cuándo se encuentra con sus amigos y le dicen *"mi padre gana millones de dólares al año con sus negocios,"* les responde *"tu padre podrá ganar millones, pero mi padre ayuda a millones de personas a que cumplan sus sueños."*

Es increíble y me llena de orgullo y emoción que mi hijo piense así de mí.

Ahora quiero que reflexiones sobre qué te contestarán, si llegas a casa y le preguntas a tu esposa, a tu hijo, a tu padre, a tu familiar, al que sea, qué haces tú.

Plántate ante ellos y pregúntales abiertamente *"¿quién soy yo?"* a ver qué te responden...

Si no responden lo que tienes en tu mente, algo estás haciendo mal o quieres algo pero no lo estás proyectando.

Piensa en qué está pasando...

Bueno, creo que ya tienes la mentalidad necesaria (o por lo menos sabes cómo adquirirla) para poder empezar a invertir con Éxito.

Así que ahora ha llegado el momento de que te explique las estrategias técnicas. Pero antes, vamos a ver también la parte de la planificación para tu inversión.

Esto, que es muy importante, muchos de los inversionistas que enseñan, no lo cuentan, porque realmente ahí es donde está el secreto y ellos jamás van a enseñar sus secretos.

Pero no te preocupes porque aquí y ahora, te voy a enseñar el secreto que los expertos no enseñan y es **la técnica de cómo manejar tus perdidas y de cómo planificar tus ganancias**, sin importar cuánto dinero vas a invertir de inicio.

¿Preparado?

Excelente sigamos...

PASO 2. LA ESTRATEGIA QUE FUNCIONA

Antes de empezar con la estrategia, quiero que tengas claro un concepto fundamental, la bolsa de Nueva York es un sitio donde tú le colocas un valor a una empresa, hay gente que coloca más y hay gente que coloca menos.

Además, en la bolsa siempre hay alguien que gana y alguien que pierde. Detrás de la bolsa no hay un monstruo capitalista diciendo *"jajaja, vengo a quitarles todo el dinero..."* No, son gente.

Si compras, no le compras a la bolsa, le estas comprando a alguien.

Esto, que parece bien simple y lógico, es algo que muchas personas no tienen claro, aunque parezca mentira. Es por eso, por lo que nunca llegarán a lograr nada en la bolsa.

Bien, ahora que sé que tienes más que asimilado este concepto, vamos con la estrategia.

Imagina que estás viendo el gráfico de la bolsa y te das cuenta de que las acciones de la empresa X están subiendo, ¿qué haces, comprar o vender?

Comprar, ¿verdad?

No hay ninguna duda, porque sabes que va hacia arriba.

Ahora, si el gráfico está al revés, ¿venderías o comprarías?

Tic, Tac, Tic, Tac...

La respuesta es... Depende.

Ahí es donde está toda la ciencia de la bolsa. Aquí la estrategia de *"compra más barato y vende más alto"*, no funciona.

La estrategia que funciona en la bolsa de Nueva York (o en cualquier otra bolsa) cuando decides comprar, es saber en qué momento compras, para qué compras, cuánto quieres ganar y saber cómo lo vas a vender.

Sé que parece un lío, pero es muy sencillo, ya lo verás.

Te lo explico con un ejemplo:

Tú tienes 1.000 dólares disponibles en tu bolsillo y dices *"los quiero invertir"*.

Miras el gráfico y te das cuenta de que hay una empresa cuyo valor en el mercado está subiendo. Entonces decides que vas a comprar.

En este momento cada acción de esta empresa vale U$ 212,44 por lo tanto, te alcanzaría para comprar 4 acciones aproximadamente y piensas, *"dado que lleva una fuerte tendencia alcista, voy a "aguantar" las acciones una temporadita antes de vender. Sí, eso haré, voy a dejar que crezcan porque veo que está subiendo y eso no va a parar."*

Craso error.

Sí lo sé, lo haces porque están subiendo y seguramente, cuando llegue el momento de venderlas, te darán un buen beneficio, pero el fallo no está ahí.

Tu fallo está en que, cuando vas a comprar en la bolsa, debes saber exactamente cuánto quieres ganar, ¡¡exactamente!!

A diferencia de muchos otros negocios en los que no sabes cuánto va a ser tu ganancia, en la bolsa sí la puedes determinar y la debes determinar.

Pero aún hay más...

Por lo tanto, si quieres ganar mucho dinero en la bolsa, no solo debes saber cuánto quieres ganar antes de comprar, también debes saber cuánto quieres perder.

De hecho, el único negocio donde puedes determinar hasta dónde quieres perder es en la bolsa y aquí viene la clave...

¿Lo hace todo el mundo?

No.

A la gran mayoría les sucede que tienen el método, la estrategia, el seguimiento, pero fallan en la aplicación de la técnica.

¿Cuándo entrar?

En la bolsa hay tres fases fundamentales basadas en la psicología humana:

Fase 1. Euforia

Esta fase es cuando compras y ves que tus acciones van hacia arriba y estás emocionado porque vas a ganar, *"¡wow estoy ganando, estoy ganando...!"*

Fase 2. Pánico

Cuando la tendencia alcista termina, si no has decidido vender todavía, comienzas a vivir en un periodo de miedo cuando ves que tu inversión está cayendo.

Imagínate que hayas confiado en una marca para ganar y al día siguiente, ¡pum! Cae porque le fue mal, al día siguiente cae más y has perdido más dinero, ya estás en el modo "como un bebé". Al día siguiente, pierdes más y estás en total pánico y dices *"¿y yo para qué me metí en esto? ¡He perdido mi dinero...!"*

Fase 3. Inversión Inteligente

Puedes estar seguro de que, mientras estás diciendo eso, ya hay otros que están diciendo *"es el momento de comprar."*

¿Por qué?

Porque empezó la fase de pánico y mucha gente sale a vender como loca y miles que compraron como tú, no aguantan y a partir del día siguiente, empiezan a vender al precio que sea. Dicen *"no, yo no quiero perder más"* y venden a lo que les ofrecen.

¿Te acuerdas de lo que te dije al comienzo, que la bolsa se trata de una transacción entre dos personas, donde una pierde y otra gana?

Pues es aquí, en esta fase, cuando pasa todo.

Al día siguiente, inversionistas inteligentes, como Hyenuk y como tú, después de leer este libro, se sientan y dicen *"eso está en zona de pánico, voy a estar atento a que haga cualquier movimiento hacia arriba"* y cuando veo una señal de que va para arriba, ¿qué hago? Lo compro.

¿Compré porque estaba barato? No, esa no fue mi opción, porque si hubiera estado barato, lo hubiera comprado caro.

Compré cuando sentí y vi en los gráficos que el pánico y el miedo ya habían terminado.

La mejor analogía para describirte más detalladamente esto (y creo que con esta analogía que te voy a dar, está más que justificada tu inversión en este libro) es la siguiente:

Esta analogía, sirve para todas las cosas que pasan en la vida, en multinivel, en Internet, en todos los negocios en general. Solo que en la bolsa es con dinero, es real y rápido, no tienes que esperar 6 años de sacrificio sino al otro día ya lo puedes ver.

Dicho esto, veamos qué es lo que pasa...

Imagínate que estás en una estación de tren y hay muchos vagones, y entre todos los vagones, hay un vagón que es diferente a los demás.

Lo miras y ves que dentro hay gente que está dialogando, festejando con champán, felicitándose y están alegres. Hay uno que está tocando música, todo el mundo baila, están felices, todo el mundo está feliz.

Pero el problema es que, como es un vagón, solo cabe una cierta cantidad de personas, no caben todos y cuando el tren arranca, te quedas fuera, no pudiste entrar.

Al día siguiente pasa el tren y está igual de lleno, tratas de entrar y está igual de lleno y no puedes entrar y se va el tren.

Y así hasta que un día ves que el vagón está vaciándose, ya no hay tanta gente y entonces entras rápidamente al vagón y nada más entras, se cierra la puerta y te das cuenta de que casi todo el mundo se ha salido.

Y te quedas ahí, en el vagón, con unas pocas personas y ya no hay música, la gente no está celebrando, todos están llorando de miedo y de pánico y sientes temor, sientes miedo y no te puedes bajar hasta que pare...

Esto pasa en negocios, pasa en multiniveles, pasa en bienes raíces, pasa en la bolsa... Pero la diferencia principal es que, lo que pasó en un mes en el resto, en la bolsa es una operación de un día.

Las 9:30 de la mañana hora de Nueva York, las personas que están haciendo apertura ese día suben todos al tren, felices y tocan la campana "ding, ding" y arranca la bolsa.

Y no alcanzaste a subir en ese tren cuando estaba subiendo, iba subiendo y no subiste, iba subiendo y no subiste y entonces dices, *"quiero comprar porque está subiendo y no alcancé a comprar"* y no compras, no compras, no compras...

Y a las cuatro de la tarde, hora de Nueva York, llega un momento en el que los que estaban festejando, que eran los que estaban ganando, se empiezan a bajar porque ya ganaron su dinero, ¿cierto?

Pasa en multinivel, pasa en el negocio de Internet, pasa en bienes raíces, pasa en todos los negocios, los que ya hicieron dinero, empiezan a vender porque si no, ¿cómo ganan ellos?

Muchos de nosotros pensamos que teniendo bienes raíces somos millonarios y definitivamente no es así. Lo importante no es que tengas una casa valorada en un millón, sino cuando la vendes por un millón, porque es entonces cuando realmente haces el dinero.

En la bolsa pasa lo mismo, no pasa nada si tienes cuatro acciones de X, sino cuando las vendes.

Retomando el tema de la bolsa de Nueva York, todos los que ya han ganado dinero salen, venden y tú, que llegaste tarde a la fiesta y, a duras penas y con mucho esfuerzo, te metiste en el vagón, ya no puedes salir de ahí porque piensas, *"tanto esfuerzo para poder entrar y ahora que entro se acabó la fiesta. Pues voy a quedarme un día más".*

Y al siguiente día dices, *"no, que valga la pena. Estoy trabajando duro para quedarme aquí, estoy trabajando duro, sí..."*

Y tus acciones caen otra vez y al tercero y al cuarto, al quinto día también...

Caen y caen y tú sientes ese temor y dices *"¡wow, qué hice, me equivoqué, muy tarde me di cuenta!"*

Este es el típico ejemplo de la diferencia entre el ganador y el perdedor de la bolsa.

Entonces dime, ¿dónde quieres estar? ¿Con los que estaban en fiesta o con los que tuvieron pánico?

¿Y sabes? Lo peor es que si sientes pánico y te bajas diciendo *"¡menos mal que me bajé de esto, pero perdí mi dinero!"*, verás cómo todos los que estaban festejando, se montan otra vez en el vagón y cuando tratas de entrar de nuevo, ya no te dejan.

¿Pasa eso en los bienes raíces? Sí.

¿Pasa en el negocio de Internet? Sí.

¿Pasa en la bolsa? También.

Y en la de Nueva York aún más rápido.

Entonces, etapa número uno clara, cuándo debes entrar.

¿Cuándo comprar y cuándo vender?

A veces yo digo que la mejor operación es no hacer nada.

¿Por qué?

Porque no es el día para entrar.

Me da igual que haya un porcentaje de más, a veces no hacer nada es la mejor operación.

Antes de operar, miro a ver cuánta gente está perdiendo dinero, ¿por qué?

Porque el mercado lo condiciona el temor.

No las noticias, ni lo que mira la gente, ni chismes, ni que se explotó la batería de mi iPhone, eso no afecta nada... Lo que de verdad condiciona el mercado es el temor.

Entonces ¿qué pasa si las acciones de una empresa se van directo al suelo?

Que cuando todo el mundo empieza a vender porque el precio de las acciones están demasiado bajas y a rumorear que esa empresa va a quebrar y que el dueño o presidente de esa compañía va a dimitir, este es el momento de tomar posicionesy cuando sale la noticia a los medios de que el dueño de la compañía ha dimitido, es el momento de salir de las posiciones.

Grábate esto a fuego en tu mente, **un buen inversionista en la bolsa, compra con el rumor y vende con la noticia.**

Te lo repito, **un buen inversionista compra con el rumor y vende con la noticia.**

Otra vez, compra con el chisme y vende con la noticia.

Ojo, con esto no quiero decir que cada vez que escuches un rumor compres, sino que te des cuenta de si lo que estás escuchando es una noticia o es un rumor.

Quiero que entiendas cuál es la diferencia.

Pasa un poco lo mismo con los bienes raíces. Imagina que sale en los periódicos un hecho o una estadística... Por ejemplo, "Los créditos hipotecarios bajaron dos puntos". Pues antes de eso, puede haber un chisme de que algo va a pasar y entonces un buen inversionista en bienes raíces, actúa rápidamente y dice: *"hagamos esto porque va a pasar esto".*

¿Sí? ¿Entiendes la gran diferencia?

Entonces, nunca compres algo cuando lo escuches en las noticias. Pero no lo hagas ni en los negocios, ni en bienes raíces, ni en la bolsa.

En la bolsa de Nueva York se gana dinero cayendo. De hecho, yo hago más dinero cuando va en caída que cuando está en subida.

¿Cómo determinar los límites de tus operaciones?

Vamos a ver ahora cómo determinar una operación en la bolsa.

¿Te acuerdas del error que te comenté de no saber cuánto vas a ganar cuando compras?

Pues también hay otro muy común que es, comprar acciones pero no saber hasta cuándo.

Esos errores se evitan haciendo dos operaciones claves para sobrevivir en la bolsa. Una se llama "stop", que es para determinar tu perdida, y la otra se llama "target", o sea, el límite que determina cuándo quieres vender lo que compraste para sacar ganancia.

¿Cómo se determina esto?

En un momento te lo explico, pero como anticipo te diré que depende del perfil del riesgo del inversionista.

En mi caso, cuando empecé mis inversiones, utilizaba un apalancamiento que se puede hacer en la bolsa de Nueva York, que se llaman opciones.

Con las opciones, lo que hacía era potenciar mis ganancias.

Y quiero que te des cuenta de que te estoy hablando de "Opciones" y no de "Acciones."

¿Cuál es la diferencia entre una acción y una opción?

Cuando una empresa empieza a crecer, como por ejemplo Apple cuando pasó del garaje de Steve Jobs a cotizar en la bolsa de Nueva York, hay muchas personas que quieren invertir en ella.

Presta atención a que no te he dicho algunos, sino muchos accionistas que confían en esa empresa y ponen su dinero, para que pueda hacer más cosas.

¿Cómo lo hacen?

Comprando pequeñas partes de esa empresa y cada parte es una acción que, dependiendo de lo que haga la empresa, tendrá más valor o menos.

Por lo tanto, cuando un accionista le da un valor a la posesión de una partecita que tiene en una empresa, un ladrillito o una silla o lo que quiera que fuese, no lo tiene en posesión de modo físico, lo tiene en sentido figurado y reflejado en un documento. Ese documento es a lo que se denomina acción.

Una opción es una garantía para cerrar un negocio.

Por ejemplo, estás dando un paseo y de pronto, ves que se vende una casa muy bonita en el campo y dices, *"esta casa debe valer más o menos unos 100.000 dólares."*

Visitas la casa, hablas con el dueño y te dice *"bueno, yo estoy en una dificultad financiera y me tengo que ir del país, por eso la vendo en 70.000, pero necesito que me den el dinero ya."*

Visto el precio de venta que habías pensado que tendría la casa y el precio real en que se vende, para ti es una ganga esa casa ¿cierto? Pero claro, como saliste de paseo y no llevas encima tu chequera, ¿cómo haces para cerrar el negocio con él?

Le das una promesa de compra, una garantía para asegurar el negocio y le dices, *"si quieres te doy ahora un porcentaje de lo que vale la casa, algo así como 1.000 dólares y te garantizo que en dos meses, por decir un ejemplo, o este fin de semana o dentro de 3 meses te voy a comprar la casa."*

Eso es una opción.

Entonces ¿qué es una opción en la bolsa?

Hay una acción que sabes que dentro de una semana, un mes o un año, puede valer X monto de dinero pero no tienes todo el dinero para comprar esa acción.

Entonces hay unos creadores de mercado que generan esas promesas de compra y te dicen *"tengo 100 contratos de promesa de compra (de opciones) sobre Tesla"*, por decir un ejemplo.

Y sabes que Tesla es una empresa de alto riesgo pero que está revalorizándose todos los días, pero no tienes para comprar acciones ahora. Entonces dices, *"bueno, tal vez con 1.000 dólares no alcanzo a comprar dos acciones de Tesla pero sí puedo comprar muchos contratos de opciones."*

Y cuando compras un contrato de promesa de compra de Tesla, estás comprando realmente 100 acciones de Tesla anticipadamente, a un precio por debajo.

Simplemente estás asegurándote ese negocio, como dando una promesa de que en algún momento vas a pagar todo.

¿Y qué pasa después?

Que cuando sube el precio de Tesla, es como si esa casa, volviendo al ejemplo de antes, ya no valiera 100.000 sino que esa zona se volvió increíble y se fue para el cielo el precio de esa casa.

Entonces ya no vale 100.000 sino que vale 200.000 y si una nueva persona llega queriendo comprar esa propiedad ¿cuánto crees que valen esos 1.000 dólares con los que aseguraste?

Más, ¿verdad? Más de 1.000 dólares.

Entonces ahora, puedes venderle ese compromiso que adquiriste con el dueño de la casa al nuevo comprador en 5.000 dólares y aun así le parecería barata, porque la casa ya no vale 100.000 sino 200.000.

¿Cuánto acabas de ganar ahí?

Invertiste 1.000 dólares en una promesa de compra y ahora obtuviste 5.000, ¿cuánto ganaste? El 500%

Y esta es básicamente, la gran diferencia entre acciones y opciones.

Pero te había dicho que te iba a explicar cómo determinar los límites de tus operaciones, así que, continuemos...

Esta es la clave para empezar invertir con éxito minimizando riesgos.

Digamos que es como si estuvieras aprendiendo a montar en bicicleta y estos límites, tanto el de pérdida (Stop), como el de ganancia (Target) , van a ser tus dos rueditas de apoyo.

Cuando comienzas, tienes dos rueditas, una a cada lado, de apoyo para no caerte ¿verdad?

Esto hace que te sea más fácil, apoyarte y evitar caerte cuando te desequilibras y confías en ellas, hasta que ya consigues manejar bien la bicicleta y esos apoyos van desapareciendo.

Entonces, en bolsa estas rueditas son los límites de seguridad que vas a marcar para todas tus operaciones. De hecho estos apoyos, a diferencia de las bicicletas, jamás deben desaparecer de tus operaciones.

Repito, para TODAS.

Mucha gente piensa que, para lograr invertir exitosamente en la bolsa de Nueva York, lo único que debe tener en cuenta es la técnica de cómo mirar gráficos, cuándo entrar, cuándo salir, etc.

Sí, está muy bien saber y entender todo esto para centrarte, y conocer en qué mundo te mueves pero, mucho más importante es saberlo aplicar correctamente.

La estrategia.

No dejes que se te nuble la vista, es muy fácil, ya verás.

La estrategia se trata de proteger tu capital, que es lo más importante.

¿Cuánto te ha costado ahorrar o conseguir ese dinero que vas a invertir en la bolsa?

Mucho esfuerzo y días de trabajo, ¿cierto?

Hay muchas cosas que has hecho para conseguir ese dinero, entonces has de protegerlo a toda costa y ¿cómo hacerlo?

Concepto #1

Pongamos el ejemplo hipotético de que cuentas con un capital de 5000 dólares.

Por norma, cualquier inversionista exitoso o profesional, sabe que no debe perder más del 2% sobre su capital total, entonces este monto de 5.000 dólares que tienes es lo que llamamos Capital Total.

$ 5000 ➡ **CAPITAL
TOTAL**

Pero un inversionista exitoso tiene otra norma inquebrantable y es que, la Máxima Pérdida no puede ser más del 2%.

$ 5000 ➡ **CAPITAL
TOTAL**

2 % ➡ **MÁXIMA
PÉRDIDA**

Entonces, recapitulemos...

¿Te acuerdas de que te he dicho que la estrategia es muy simple? Pues aquí está la prueba.

Si 5.000 dólares es el Capital Total que tienes para invertir y la Máxima Pérdida es el 2%, ¿cuánto puedes perder?

¡Correcto! 100 dólares.

$$\$\ 5000 \longrightarrow \text{CAPITAL TOTAL}$$

$$2\ \% \longrightarrow \text{MÁXIMA PÉRDIDA}$$

$$2\ \%\ de\ \$\ 5000 = \$\ 100$$

CON UN CAPITAL TOTAL DE $ 5000
TU MÁXIMA PÉRDIDA SERÁ DE
$ 100

Perfecto, ya cuentas con el conocimiento más importante para proteger tu capital:

No puedes perder más del 2% de tu capital total.

Entonces, si en lugar de 5.000 dólares, tu capital total fuera de 1.000 dólares cuánto sería el 2%?

20 dólares, exacto.

¿Y si fueran 10.000?

200 dólares, eso es.

Muy bien, pues veo que ya tienes claro el concepto número 1.

Simple ¿verdad?

Pues el resto de la estrategia es más o menos de ese nivel de dificultad. Por eso digo que hasta un niño de 12 años (mi hijo por ejemplo) puede saber aplicarla, porque hasta un niño de 12 años sabe cómo calcular la Pérdida Máxima.

Vamos al siguiente paso, ¿cuánto puedes invertir?

Concepto #2

Sería una locura decirte que puedes invertir los 5.000 dólares en una sola operación.

¿Por qué?

Porque no debes invertir todo tu capital en una sola operación. Es mejor ampliar un poco la probabilidad.

Es decir, si dispones de 5.000 dólares, puedes invertir en diferentes operaciones para que tus probabilidades sean un poco más altas, esto no es diversificar pero sí aumentar la probabilidad de ganancia.

¿Cómo se hace?

Verás, por estadística se sabe que es mejor utilizar un porcentaje tipo máximo del 30% de tu Capital Total, para invertir en una operación.

$ 5000 ➡ CAPITAL TOTAL

30 % ➡ MÁXIMA INVERSIÓN

Repito, el 30% como máximo de tu Capital Total.

Entonces si hablamos de un Capital Total de 5.000 dólares ¿cuánto sería lo máximo que podrías invertir en una operación?

1.500 dólares, perfecto.

$ 5000 ➡ CAPITAL TOTAL

30 % ➡ MÁXIMA INVERSIÓN

30 % de $ 5000 = $ 1.500

CON UN CAPITAL TOTAL DE $ 5000
TU MÁXIMA INVERSIÓN SERÁ DE
$ 1.500

Ahora conoces el otro punto importante que siempre respeta un inversionista exitoso, así que cuando alguien te pregunte, *"bueno y ¿cuánto invierto?"* Ya sabes qué decirle, *"como máximo el 30 % de tu Capital Total."*

¿Quiere decir esto que podrías invertir 1.000 dólares? Sí.

¿Podrías invertir 800 dólares? Sí.

¿Podrías invertir 2.000 dólares? No.

Ok, muy bien, has entendido a la perfección el segundo concepto de la estrategia.

Muy claro todo hasta aquí, ¿verdad?

Vamos con el tercer concepto pues...

Concepto #3

El tercer concepto es saber cuánto va a ser tu ganancia y cuánto va a ser tu pérdida desde antes de entrar.

Siguiendo con el ejemplo, tienes un Capital Total de 5.000 dólares, por lo tanto, tu Perdida Máxima es del 2 % o lo que es lo mismo, 100 dólares.

Y puedes invertir en una sola operación un máximo del 30 %, es decir, hasta 1.500 dólares.

Entonces, digamos que ves una operación interesante para invertir y decides invertir tu máxima cantidad para invertir en una sola operación, tomas tus 1.500 dólares y defines tu estrategia de ganancia y pérdida.

Pero antes de decirte cómo definirla, quiero recordarte algo vital en bolsa, ¿por qué has de definir una estrategia de ganancia o pérdida?

En tu límite de ganancia puedes poner el 15%, el 30%, el 50%, o lo que quieras.

Pero en el de pérdida ¿cuánto has de colocar?

Te doy una pista...

En ganancia no, pero en pérdida hay algo seguro, ¿qué es lo seguro en una pérdida?

¡Que puedes perderlo todo!

Puedes perder el 100% de tu inversión.

Te lo repito... ¡¡Puedes perder el 100 %!!

O sea, en el caso del Capital Total de 5.000 dólares que estamos poniendo como ejemplo, perderás 1.500 dólares, es decir el 100% de lo que invertiste.

En ganancia puedes ganar infinitamente, no hay límite. Pero en pérdidas, el máximo de lo que podrías perder es un 100%, y ahí es donde entra el tema de la avaricia...

Cuando empieza a subir siempre pensamos que va a seguir subiendo sin parar y por desgracia eso no es así. Por eso es muy importante que definas una estrategia de inversión cuando vayas a comprar algo o a invertir.

Para ganar en esa operación, debes saber de antemano cuánto vas a ganar y cuánto vas a perder, si no lo determinas y lo sigues a rajatabla, ten por seguro que acabarás perdiéndolo todo, Punto.

Como te acabo de decir, si no tienes ese plan de estrategia bien definido, podrías perder hasta un 100% de tu inversión, así que, para poderlo definir debes hacer lo siguiente:

Tu Capital Total es de 5.000 dólares y la pérdida máxima es del 2 %, es decir, 100 dólares. Eso quiere decir que el máximo dinero que puedes perder según el **Concepto #1**, que es, **"no perder más del 2% de tu capital"** son 100 dólares.

O sea, en la inversión de 1.500 dólares que hagas, no puedes perder más de 100 dólares, ¿hasta aquí está claro?

Ok, entonces LA REGLA es:

NUNCA debes pasar de este monto de Pérdida Máxima sobre tu Capital Total, NUNCA, NUNCA, NUNCA.

Por favor, que no se te olvide jamás, porque esa es LA REGLA, por eso te la pongo en negrilla.

Y créeme que sé de qué te hablo, porque yo pasé muchas veces por momentos de avaricia en los que no respeté esta regla y cada vez que no la respetaba, perdía mi dinero.

Y no solo eso, también me tocaba aguantar la furia de mi esposa, tal y como te he contado en la primera parte.

Y lo peor de todo no era que no respetara LA REGLA porque no la conociera, no.

Lo peor es que aún me sentía peor cuando lo perdía todo, porque sabía lo que era correcto, pero no hacía lo que era correcto ¿me explico?

Una cosa es saberlo y otra cosa es hacerlo. Por favor, no se te olvide LA REGLA jamás.

Entonces, cuando compras debes colocar tus límites de ganancia y de pérdida de antemano, para estar tranquilo.

Por lo tanto, si vas a invertir 1.500 dólares y tu Perdida Máxima es de 100 dólares, tu Pérdida Máxima, hablando en porcentajes, sería del 6,67 % sobre 1.500.

Así que, cuando coloques tu operación en la plataforma, el valor que debes colocar es este.

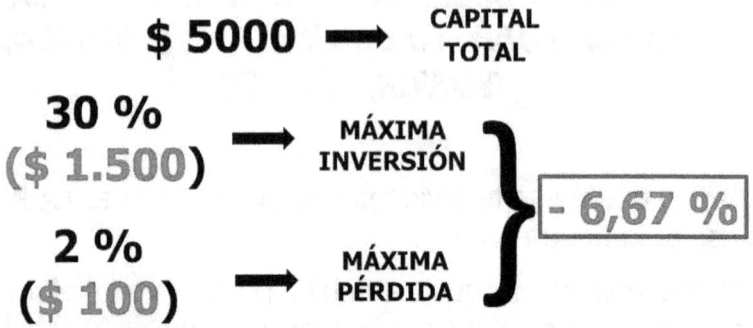

Puedes colocarlo en monto también, pero muchas veces es más fácil colocarlo en porcentaje porque la medición que haces de tu ganancia es con porcentaje y no sobre monto.

Eso es lo que debes colocar como Pérdida Máxima, pero en ganancias, ¿cuánto puedes colocar?

Podría ser por ejemplo lo que se llama una relación uno a uno.

Una relación uno a uno quiere decir que, si estás dispuesto a perder 100 dólares, estás dispuesto a ganar también 100.

Yo personalmente, aplico normalmente la estrategia uno a uno. Antes aplicaba estrategias 10 a 1, 5 a 1 o 4 a 1.

¿Qué es 4 a 1?

Que él está dispuesto a perder el 100 %, pero deja que se vaya la inversión hasta el 400 %.

También hay personas que utilizan estrategias diferentes, 1,51 a 1, etc. Depende del nivel de riesgo de cada persona. Pero lo mínimo es, que debe ser una relación uno a uno. Si vas a perder 100, como mínimo tienes que ganar 100.

Y puede que estés pensando, *"pero yo no quiero correr tanto riesgo, porque perder 100 dólares no me gusta y hace que me sienta mal."*

Perfecto, entonces puedes poner 80 dólares de límite. Pero si pones 80 dólares de pérdida máxima, ¿cuánto deberá ser tu ganancia mínima?

Efectivamente, 80 dólares. Relación uno a uno, ¿ok?

Es muy fácil de calcular tu margen de ganancia o "target" o tu pérdida o "stop".

Y no solo es fácil de hacerlo porque hoy en día la mayoría tenemos calculadora en nuestros teléfonos para calcular este porcentaje, sino que con el tiempo, al igual que cuando nos sabíamos los teléfonos de cada persona antes de que existiera el celular, se te hará más fácil.

Entonces cuando lleves algún tiempo invirtiendo ya sabrás más o menos cuánto es el porcentaje que debes manejar en cada operación, casi de manera automática.

Resumiendo la Estrategia

Las 3 normas para obtener una buena estrategia para proteger tu capital son:

1. **La Pérdida Máxima sobre el Capital Total es del 2 %.**

2. **El Monto Máximo que puedes operar sobre tu Capital Total es del 30 %.**

3. **Debes colocar tu margen de pérdida y ganancia, antes de colocar la operación, en una relación por lo menos 1 a 1.**

1. 2 % del C. T.

2. 30% sobre C.T.

3. Relación 1:1

Entonces, dependiendo del monto que hay en la segunda, va a ser el porcentaje de la primera.

¿Qué quiere decir eso?

Que si tu capital total es de 1.000 dólares, la Pérdida Máxima es de 20 dólares.

Y si esa sería la Pérdida Máxima que podrías tener, entonces tu Máxima Inversión tendría que ser el 30 % y siguiendo la relación 1:1, lo mínimo que tendrías que ganar serían 20 dólares.

Y antes de terminar con la parte de la estrategia, me gustaría desmentir algo que normalmente dicen los expertos.

Cuando les preguntan *"¿con cuánto dinero se puede invertir?"* Normalmente suelen contestar *"con cualquier monto de dinero."*

Y ya te digo yo, que eso no es tan cierto.

Mira, normalmente los brokers en Estados Unidos cobran entre 5 a 10 dólares por cada operación que hacen. Entonces, como es una transacción de compra y venta, lo máximo que se te iría en gastos de comisiones serían 20 dólares.

Contando que ganaras los 20 dólares de los 1.000, esos 20 dólares se irían en comisiones del broker.

Por eso te decía que lo que dicen los expertos no es tan cierto, porque debes tener en cuenta estos gastos a la hora de calcular el monto de inversión para que el beneficio te dé a ganar y no solo quedes a la par.

Acelerador de tu Éxito

Antes que nada, no quiero que pienses que este capítulo del libro es una pócima secreta ancestral, ni un botón mágico, ni tan siquiera una lámpara maravillosa como la de Aladino.

Realmente se trata de un capítulo donde te voy a revelar las respuestas a las preguntas más habituales que me hacen en todas mis conferencias y coachings.

Lo hago porque estoy seguro de que habrá alguna, si no varias, que estará rondando tu cabeza ahora mismo y si te la puedo solucionar aquí y ahora, te estaré ahorrando un tiempo precioso en averiguar su respuesta.

Así pues, allá vamos...

¿Cuál sería el monto recomendado con el que deberías comenzar a operar?

Para invertir en la bolsa, puedes comenzar a invertir a partir de 500 dólares.

Hay brokers que reciben desde 500 dólares en adelante, pero el monto recomendado para empezar es de 2.000 a 5.000 dólares.

¿Por qué razón?

Permanece atento, porque esto no lo explican muchas de las personas que venden cursos por Internet.

Primero, porque los brokers cobran unas comisiones por cada operación que hagan, de hecho ellos viven de eso.

Da igual que ganes o pierdas, ellos te cobrarán una comisión. Por eso se llaman comisionistas de bolsa.

Un monto de 2.000 a 5.000 dólares, es un monto excelente para comenzar a invertir pero, ¿qué puedes hacer con esto?

Puedes hacer el ejercicio del 3% del interés compuesto y ver más o menos cuánto podrías hacer a lo largo del tiempo.

Puedes descargar el archivo Excel para calcular en este sitio http://www.hyenukchu.com/reto21dia06

Si tienes más de 5.000, es mejor invertir en acciones y no en opciones, dependiendo de tu nivel de riesgo.

Si tienes por debajo de 2.000, definitivamente no debes invertir en acciones, y desconfía de la persona que te diga que puedes invertir en acciones y ganar dinero desde 500 dólares, porque es mentira, pues lo que ganes lo vas a perder en comisiones para el broker.

Entonces, si tienes menos de 2.000, tienes que cambiar tu estrategia y utilizar opciones sobre acciones y así, tener ganancias que puedan sostener tus operaciones.

¿Qué datos debes observar a nivel emocional o qué cambios debes ver en las curvas para decidir invertir o salir, dependiendo de la reacción emocional de las personas?

La forma de medir la emoción o cómo reacciona el mercado (como decimos los inversionistas) frente a una noticia, es el gráfico.

Esta es una estrategia diferente a la de tomar posición con el rumor y salir con las noticias.

De hecho es una estrategia para usar una vez se presente las noticias, es decir, las emociones de los compradores y vendedores frente a la noticia.

El gráfico determina lo que están haciendo las personas, ¿te acuerdas de cuando te comenté lo del tren?. Si sube es porque todo el mundo está feliz y va a haber tendencias alcistas ¿verdad?

¿Qué te va a marcar si va a continuar subiendo?

Si el precio baja, indica que hay capitulación, que la gente está triste, que está saliendo de sus posiciones y que, frente a esas noticias, la gente reaccionó negativamente.

Esta es la forma de medir cómo el mercado reacciona frente a una noticia.

Los gráficos NO mienten.

Pero el error que cometen los novatos o los inexpertos, es que invierten antes de la noticia porque creen que van a hacer algo. No estoy hablando de comprar con el rumor y salir con las noticias. Estoy hablando de que los novatos o los inexpertos Suponen o Esperan algo pero no saben si es un rumor o si es una noticia.

Los que son expertos y conocen del tema, esperan la noticia, ven cómo reacciona la gente y de acuerdo a eso, invierten y no esperan a tener un 400 % de ganancia, sino que aprovechan ese movimiento rápido de euforia y después, simplemente salen del vagón, porque ya tomaron su ganancia.

¿Cómo sacar el tiempo para empezar a invertir si no puedes dejar el trabajo todavía?

Cuando el tiempo para operar en la bolsa en tiempo real es el problema, puedes hacerlo fuera del tiempo de la bolsa.

Una vez que haya cerrado la bolsa, a la hora que sea, puedes entrar en la plataforma y colocar una operación de inversión que quieras hacer.

La bolsa abrirá al día siguiente, y lo primero que hará es ejecutar esa orden de inversión que tú le colocaste. No lo vas a hacer en tiempo real, pero lo vas a poder hacer fuera del horario de la bolsa.

La única diferencia es que, la estrategia que hagas, tendrá que ser un poco a largo plazo, no de un minuto sino diaria. En ella, lo que determinarás es si mañana esa inversión va a ir hacia arriba o hacia abajo, básicamente.

Ese tipo de inversiones tiene un porcentaje de probabilidad más baja.

¿Por qué?

Para aclarártelo, te voy a poner un ejemplo:

Digamos que lo que muchos hacen a la hora de llevar a cabo las estrategias fuera del horario de la bolsa, es hacer un pronóstico de acciones.

Esto lo comparo con los meteorólogos que hacen pronósticos sobre el clima.

¿Normalmente aciertan o fallan?

Fallan.

¿Qué crees que hace un pronosticador de clima? ¿Te dice que dentro de una hora va a llover o te dice que es probable que mañana a las tres de la tarde, tal cosa...?

Pues en inversión pasa exactamente lo mismo. Yo, casi con un 85% de probabilidad, te puedo decir qué puede pasar dentro de los 5 próximos minutos cuando veo un gráfico de un minuto.

¿Por qué?

Porque ya reconozco ciertos patrones y cuando los veo digo, *"ya se hizo esta formación de gráfico y va a pasar algo".* Y ya te digo que acierto casi con un 85 % de probabilidad.

Pero cuando me preguntan qué va a pasar dentro de 3 días, mi probabilidad empieza a bajar.

Y aquí hay algo que te quiero decir y que los inversionistas que ya llevamos tiempo reconocemos a distancia. Cuando un asesor o consultor financiero no sabe, recomienda a largo plazo.

¿Por qué?

Porque es muy fácil decir a largo plazo lo que te puede pasar y sabe además, que en ese largo plazo puede pasar cualquier cosa, una crisis, una guerra, etc. y entonces el mercado hace algo diferente a lo que él esperaba y dice, *"ah no, lo que pasa es que no pasó porque pasó lo de la guerra."*

Esos asesores o consultores, tienen facilidad para sacar excusas y no tienen idea de lo que te están diciendo.

Cuando recomiendan a largo plazo, siempre hay menor probabilidad y es porque esa persona no tiene el talento suficiente para determinar hacia dónde va la dirección de esa tendencia.

Normalmente el que sí la tiene te dice, *"para hoy, ya, ya, ya"* o *"para máximo mañana".* Punto.

¿Cómo defenderte de los asesores que manipulan el mercado?

La respuesta es simple.

Yo siempre recomiendo y lo he dicho a lo largo del libro, que el responsable del dinero seas tú.

¿Yo qué enseño?

Yo no enseño a que dependas de mí para leer los gráficos, ¿te acuerdas que te dije que hay personas en el Club de Inversionistas que entran unos días después y que aunque no les diga nada, leen lo mismo que yo?

Eso es porque ellos ya aprendieron de mí y ojalá me superen también. Aprendieron por sí solos a leer las tendencias y la interpretación del mercado, por lo tanto, lo que les queda en adelante, es manejar la parte emocional y la psicología.

¿Por qué digo esto?

Porque, quieran o no, van a perder en algún momento y van a tener que sufrir la sensación del dolor y el placer. ¿Recuerdas? Cuando ganas sientes placer, sientes que eres lo máximo y cuando pierdes, sientes que esto no es para ti, y te planteas por qué te metiste en inversión en la bolsa.

Entonces, como has de pasar por eso, sí o sí, para blindarte de los temas de asesores, no dejarte afectar por las noticias y poder interpretarlas correctamente, lo mejor es que seas un inversionista individual. Que aprendas por ti mismo a interpretar, cómo está reaccionando el mercado, e invertir de acuerdo a cómo el mercado está reaccionando frente a una noticia.

¿Qué diferencia hay entre operar en Forex y operar en la bolsa?

Forex es un mercado de divisas y la gran diferencia entre una acción y una moneda, es que las monedas dependen de los países principalmente.

Entonces, en el tema de Forex, aunque también se mira por gráficos y la interpretación de tendencias y gráficas es muy similar a la bolsa, lo que hace un gobierno relacionado con su dinero es secreto de estado.

Sin embargo, en la bolsa, la ventaja que tienes es que sabes qué está pasando con una cierta acción, por ejemplo de Netflix, Tesla, Apple o Coca Cola, porque las noticias son más públicas.

Conozco a muchas personas que ganan dinero con Forex, pero en lo personal, yo invierto en la bolsa de Nueva York, porque son empresas y puedo interpretar sus reacciones.

Esa es básicamente la diferencia.

¿Cómo lidiar con tus emociones para que no afecten a tus decisiones (especialmente cuando empiezas)?

En la primera parte del libro te he contado que muchos cometen el error de ir a festejar cuando ganan, pero cuando pierden se adentran en sí mismos y empiezan a sentir autocompasión.

Pero no es tan malo.

A veces, el miedo en la bolsa o en cualquier tema de inversión, debe ser tu aliado.

¿Por qué?

Porque cuando pierdes, sientes sensación de miedo y sabes que has fracasado, eso te hace (o por lo menos es lo que me hace a mí) regresar a tu escritorio, a tu pantalla otra vez y verificar qué has hecho mal. Te hace sacar un registro de todas las operaciones que has hecho y revisar uno por uno, dónde estuvieron los errores que cometiste.

Yo lo que hacía en ese caso era aprovechar, sin saberlo, esos fracasos que tenía y ese miedo a seguir perdiendo más dinero, para aprender más. Porque si yo hubiera decidido estudiar cuando iba ganando y relajarme, entonces hubiera sido muy fácil.

Seneca dijo,

> **"La adversidad es buena porque te hace fuerte. Es como un árbol que, cada vez que sopla el viento, va cogiendo más fuerza en la raíz, va aferrándose al terreno y va a ser un árbol fuerte debido a esa adversidad que se encuentra."**

Entonces, la recomendación es que en la pérdida siempre lleves un registro y aprendas de ella (porque quieras o no, vas a perder), y aprendas a manejar la emoción y a aprovechar ese miedo, para poder hacer más cosas.

¿Cómo debes manejar el tema de los impuestos de lo generado en la bolsa de valores?

Si vives en Estados Unidos debes tributar normal.

Ahora, si no vives en Estados Unidos, tienes dos opciones y dependiendo de la que elijas, pagarás impuestos o no.

Si no te llevas el dinero a tu país, sino que tu ganancia continúa en Estados Unidos, se considera una inversión más en la bolsa de Nueva York y no se paga. Es recomendable de todas formas declarar, asi no pagues.

Es una ley de Estados Unidos, sobre las ganancias en la bolsa de Nueva York.

Pero cuando te llevas esas ganancias a tu país, debes declararlas y aplicarles el impuesto del país donde vivas.

Si tienes inquietud consulta con tu asesor tributario.

¿Puedes abrir una cuenta en Estados Unidos, única y exclusivamente para manejar el dinero de la bolsa de valores?

En Estados Unidos puedes abrir una cuenta bancaria muy fácilmente siempre y cuando estés presente dentro del territorio americano.

Si eres extranjero no residente, puedes presentar tu pasaporte y te la abren en cuestión de 5 minutos.

Esa cuenta de ahorro te servirá para depositar tus ganancias directamente en ella.

Pero hay otras opciones, como la de TD Ameritrade, una plataforma de inversión en la que no hay necesidad ni siquiera de abrir una cuenta de ahorro, porque es un banco en sí.

Reflexión Final

Bueno, querido lector, hemos llegado al final de este libro en el que he querido mostrarte una estrategia, mi estrategia, para lograr invertir en la bolsa de Nueva York con éxito.

Como has podido comprobar durante toda la lectura, lo que te acabo de enseñar no está basado en simples teorías que todo el mundo enseña, sino que es mi propia experiencia personal, con mis miedos, mis éxitos, mis fracasos y mis alegrías incluidos en el lote.

¿Por qué lo he hecho así?

Para que te des cuenta de que se puede y de que mi único objetivo es que evites esos errores que cometí, para acelerar aún más tu camino hacia el éxito personal y económico.

Por ello, te he preparado una guía rápida de los pasos a seguir para empezar ahora:

1. **Descarga una plataforma de broker.**

   Da igual la que sea.

   Una de las más completas es Thinkorswim, pero puedes escoger cualquiera que te guste.

   Eso sí, lo que me gustaría es que practiques, antes de entrar a invertir dinero real.

   ¿Cómo?

   Con la plataforma demo, que creo que te ofrece hasta 200.000 dólares para invertir, puedes invertir como si fueras millonario, aplicar todas las enseñanzas y las técnicas que acabas de aprender y sentir esa sensación de pérdida y de ganancia.

Práctica al menos de dos a tres meses como mínimo. Lo ideal es seis meses o más. Recuerda que el tiempo depende de la dedicación que le des a tu aprendizaje. No se trata de abrir la Demo, practicar 1 semana, paras de practicar y esperas que llegue el mes 2 para comenzar con Dinero Real.

No es una carrera de velocidad sino una maratón.

2. Ten siempre alguien con quien practicar.

Siempre.

Es lo que llamo un perro ladrador porque es el que te ladra y le muerde si no corres, y haces las cosas rápido.

Pero es recíproco, porque tú haces lo mismo con él. Cuando no hago ciertas cosas, entonces él me regaña y me muerde, y es la persona que me hace tener una referencia de si estoy avanzando de nivel o no.

Entonces, segundo paso, consigue una persona con la cual interactuar.

Porque muchas personas eligen hablar y consultar sus dudas conmigo, ya sea en el club de inversionista o me escriben por Facebook o por correo.

Y eso, en verdad, me halaga pero obviamente no les puedo responder a todos, porque no tengo el don de estar en todas partes.

Pero la persona que te acompaña, ya sea tu amigo, tu esposa/o, tu socio... Puede serte de ayuda para hacer inversión uno a uno con esa persona, y discutir los errores y los aciertos para mejorar día a día.

Cuando empecé a invertir tenía varios compañeros con los cuales me conectaba durante la inversión o por la noche para contarnos qué había pasado y eso funciona mucho.

Es lo que otros llaman también MasterMind, que es hacer grupos de dos cabezas piensan mejor que una, tres mejor que dos, así sucesivamente y te aseguro que funciona muy bien.

3. Da el Gran Salto.

Una vez que hayas hecho bien las dos actividades anteriores y tengas muy buenos resultados en la cuenta demo, es la hora de dar el Gran Salto a invertir con dinero real en una cuenta real.

Entonces vas a aprender que la pérdida con dinero real es más dolorosa que con la cuenta demo.

En la cuenta demo uno cree que es ficticia, pero es técnicamente lo mismo, o sea, funciona de la misma forma. Todo es lo mismo, lo único es que ese dólar que aparece en tu cuenta es un dinero virtual.

Es la única diferencia.

Estos son los pasos a seguir si quieres comenzar desde hoy mismo, pero aún hay algo más que quiero poner a tu disposición para hacerte el camino más fácil...

Si tienes interés en participar en el Club del Inversionista y compartir tus experiencias y dudas conmigo y con las demás personas que ya están en él, puedes informarte sobre cómo funciona haciendo click AQUÍ.

www.elclubdeinversionistas.com

Nada me haría más feliz que saber de ti y de tu éxito en la bolsa de Nueva York, así que, no lo dudes y empieza desde ya a forjar tu exitoso futuro.

Tu amigo,

Hyenuk Chu.

Enlaces de Interés

Plataformas de Inversión:

https://www.thinkorswim.com

Club de Inversionistas:

http://www.elclubdeinversionistas.com

Contacta con Hyenuk:

Correo electrónico:

info@hyenukchu.com

Sitio web:

http://www.hyenukchu.com

http://www.hyenukchu.com/reto21

Facebook:

https://www.facebook.com/hyenuk.chu

https://www.facebook.com/LibreDeDeudasAhora

YouTube:

https://www.youtube.com/user/LibreDeDeudasAhora

https://www.youtube.com/user/hyenukchu

Instagram:

https://www.instagram.com/hyenukchu

www.ingramcontent.com/pod-product-compliance
Lightning Source LLC
Chambersburg PA
CBHW060416190526
45169CB00002B/919